Luca Faccin

Remote Management

Gestire il lavoro da remoto,
senza vincoli di luogo o di tempo.

Sommario

Prefazione

Non saltare questa parte: è importante!

Durante il lockdown del 2020, abbiamo assistito a un'esplosione dello smart working. Poche però sono le organizzazioni che in questa emergenza hanno saputo gestire efficacemente la nuova forma di collaborazione da remoto.

In questo libro fornisco delle linee guida nate dai miei studi e dalle mie esperienze, come project manager e come imprenditore, nelle quali ho fatto parte e gestito gruppi di lavoro 100% in remoto.

Lo schema del libro è molto semplice: troverai 20 *tips*, ossia 20 consigli, su metodologie, strumenti e mentalità per lavorare in remoto. Ogni capitolo è composto da un suggerimento specifico, da una massima per seguirlo e da una mia esperienza concreta relativa a quel consiglio in modo da calarlo nella realtà operativa di tutti i giorni.

Questo libro ti aprirà le porte del remote working e del business da remoto. Lo scopo è di aiutarti a gestire efficacemente il tuo lavoro, o quello del tuo team, da qualsiasi luogo e in qualsiasi orario.

Oltre a questo libro ho realizzato un percorso di formazione online - il primo in Italia - dedicato ai futuri **Remote Project Manager**.

Per saperne di più visita:
www.remote-project-management.com

O inquadra il QR Code a lato >>>

Introduzione

Per circa 200.000 anni l'uomo è stato nomade. Si spostava di luogo in luogo alla ricerca di cibo o per esplorare nuove zone. Negli ultimi 10.000 anni, con la comparsa dell'agricoltura, seguita dall'era industriale, l'uomo ha iniziato a stabilizzarsi in luoghi fissi e a costruire le città.

Si può dire quindi che per 19/20 della nostra storia siamo stati liberi di spostarci in ogni luogo. Una libertà stampata nel nostro DNA.

Se negli ultimi millenni questa libertà è stata limitata o soppressa completamente, con la comparsa delle nuove tecnologie dell'informazione è tornata alla ribalta. I cosiddetti "nomadi digitali" sono dei lavoratori che producono valore attraverso un computer e una connessione a internet. L'uomo sta oggi riconquistando l'indipendenza di luogo e a volte anche di tempo.

Siamo di fronte all'inizio di una nuova epoca storica?

Sicuramente siamo di fronte a una nuova rivoluzione nel mondo del lavoro. Sono sempre di più le risorse esterne all'azienda - professionisti o dipendenti - che collaborano da diversi luoghi grazie a internet e alle tecnologie cloud.

Ma tutte queste risorse esterne vanno gestite e non lo si può fare con le classiche modalità con cui si gestivano "a vista" le persone in ufficio. Servono nuovi metodi, nuovi strumenti e nuove mentalità per il lavoro in remoto.

L'azienda non è più un luogo fisico dove le persone si recano dalle 9.00 alle 18.00 (quando va bene) per offrire il loro tempo in cambio di denaro, ma diventa un HUB che attira dei talenti da tutto il mondo i quali collaborano per il raggiungimento di obiettivi comuni da qualsiasi luogo e in qualsiasi fuso orario.

La figura di riferimento esperta nella gestione di queste risorse esterne è il Remote Project Manager, conosciuto anche come "Head of Remote".

In questo libro vedremo 20 tips, cioè 20 consigli per gestire al meglio il lavoro da remoto. Analizzeremo metodologie, strumenti e mentalità che sono necessarie per ottenere risultati nello smart working.

Questo libro è per te se sei un manager e ti vuoi specializzare per la gestione delle risorse remote dell'azienda, se sei un membro di un team in remoto e vuoi fare carriera acquisendo delle nuove competenze manageriali, se sei un imprenditore o un libero professionista e vuoi portare tutta - o in parte - la tua attività in remoto, rendendola immune a problemi legati alla presenza fisica.

Insomma questo libro è per te se sei affascinato dal nuovo mondo del lavoro da remoto e vuoi diventare un pioniere in questa nuova frontiera dell'umanità.

Benefici del lavoro da remoto

Il lavoro da remoto porta diversi benefici sia per le aziende che per le persone. Possiamo riassumere questi benefici in tre principali categorie: libertà, produttività e sostenibilità.

Libertà.
La flessibilità data dallo smart working libera le persone da ogni vincolo di luogo e di tempo. Le persone possono mischiare e bilanciare meglio vita privata e lavoro trovando i migliori spazi e i migliori momenti in cui lavorare.

Produttività.
Diverse ricerche hanno dimostrato che una nuova organizzazione basata sui risultati anziché sulle ore passate in ufficio fa aumentare la produttività delle persone e del team di lavoro.

Sostenibilità.
Un team di lavoro da remoto ha meno costi fissi di struttura rispetto a un team di lavoro tradizionale, meno affitti, meno strumentazioni, meno spese per gli spostamenti. Questo si traduce anche in una riduzione dell'impatto ambientale e di conseguenza in un aumento della sostenibilità dell'azienda.

Chi sono

 Sono Luca Faccin, classe '87, vivo a Vicenza, sono un consulente per lo sviluppo del business attraverso il digitale. Sono laureato in Ingegneria Gestionale ma le cose più importanti le ho imparate nel campo, come project manager prima e imprenditore poi.

Dopo il diploma, in Elettronica e Telecomunicazioni, nel 2006, ho iniziato a lavorare in aziende di progettazione e sviluppo ricoprendo vari ruoli dalla progettazione tecnica al buyer, dall'area marketing al project management.

La mia passione per il management mi ha portato a iscrivermi qualche anno dopo alla facoltà di Ingegneria Gestionale laureandomi nel 2017 con votazione 110/110 con la mia tesi finale sul marketing per le commodities. In totale ho lavorato 12 anni in azienda accumulando esperienza manageriale in progetti di diversi settori, dall'industriale al civile, dal ferroviario al navale.

Nel frattempo ho continuato a studiare marketing, sempre applicato al digital. Realizzavo per i miei primi clienti siti web, pagine di vendita e strategie di marketing. Nel 2018 mi sono licenziato e ho iniziato la mia carriera da professionista prima e da imprenditore poi .

Ho fondato con mio fratello Fabio Faccin *PerformancePPC* un team di professionisti che si occupa di campagne pubblicitarie online lavorando 100% da remoto. In questi anni ho fatto una grande esperienza nella consulenza per diverse aziende (compresa la nostra). Oggi porto valore ai miei clienti sviluppando il loro business nel digital attraverso due aree principali: il marketing e la gestione aziendale.

9

Esci dalla mentalità 9:00–18:00

Quando esci dalla mentalità 9–18 ti accorgi che le ore più produttive della giornata non sono le stesse per tutti.

Adattare il lavoro al proprio stile di vita, e non viceversa, diventa possibile anche nei team più numerosi se si conoscono le giuste strategie per lavorare in ASINCRONO.

Diventa quindi fondamentale condividere le informazioni in tempo reale, così che tutti possano in ogni momento accedervi e procedere con il lavoro in autonomia.

Nel Remote Project Management la chiamiamo "Infrastruttura Formale".

L'infrastruttura Formale comprende l'insieme di metodologie e strumenti che rendono possibile la collaborazione in asincrono.

Lavorare in asincrono

Avere la possibilità di lavorare in asincrono è uno dei principali vantaggi dello smart working. Non tutti infatti siamo al massimo della produttività nelle stesse ore e negli stessi giorni. Io - e mi sono accorto molti altri miei colleghi - lavoro molto meglio la mattina presto, la sera tardi e nei giorni di festività. Guarda caso quando le altre persone non sono al lavoro.

Sto scrivendo questo capitolo proprio il giorno di Ferragosto infatti. Mi va di farlo oggi, quando tutto il resto d'Italia si sta crogiolando sotto il sole. Sto andando avanti quando gli altri sono fermi e mi riposerò quando lo riterrò più opportuno. Lo deciderò io, non qualcun altro per me.

Ma c'è anche una questione pratica. Nessuno infatti mi interrompe oggi. Posso stare tranquillo a scrivere il mio libro perché so che nel frattempo non si stanno accumulando lavori nella mia to-do list.

Il peggiore giorno per me é il lunedì, infatti non pianifico mai attività per quel giorno. A volte non lavoro proprio. Il problema é che il lunedì le persone rientrano in ufficio e si trovano tre giorni di problemi accumulati. Il lunedì le persone sono di malumore, nervose, spesso fanno confusione e richieste inutili. Richieste che interrompono il lavoro buono e distraggono dalle cose che contano.

Io sono fatto così ma non é detto che la mia sia la migliore schedula per tutti. Ognuno deve trovare il giusto equilibrio tra il lavoro in solitaria e il lavoro in sovrapposizione con gli altri sfruttando al massimo la libertà di scelta che lo smart working concede.

Lavorare quando siamo al massimo della produttività porta dei vantaggi incredibili.

Possiamo lavorare la metà del tempo e ottenere il doppio dei risultati. Tutto questo grazie al lavoro asincrono.

Per poter lavorare in asincrono efficacemente serve però un'infrastruttura formale. Ossia un insieme di regole scritte che regolano l'organizzazione del lavoro e la comunicazione.

In *PerformancePPC* usiamo ad esempio un sistema agile per gestire i progetti. Su una bacheca virtuale condividiamo tutte le informazioni relative alle attività in corso. Aggiorniamo quotidianamente la bacheca con quanto fatto e utilizziamo delle check-list di completamento.

Tutto viene scritto e aggiornato in tempo reale, nulla deve rimanere solo nella testa delle persone.

In questo modo abbiamo sempre una fotografia di quanto fatto e quanto c'è da fare aggiornata e tutti possono attingervi in ogni momento. Le persone possono staccare e ricominciare il giorno dopo le attività da dove erano rimaste senza doversi tenere in testa nulla.

Ogni collaboratore può avere le informazioni di cui necessita per andare avanti con le sue attività perché quello che fanno gli altri è completamente documentato.

Questo è il sistema che permette al mio team, oggi composto da 7 collaboratori, di lavorare a distanza da due anni senza aver mai bisogno di vedersi e con la massima libertà di luogo e di tempo.

Smettila di pendolare

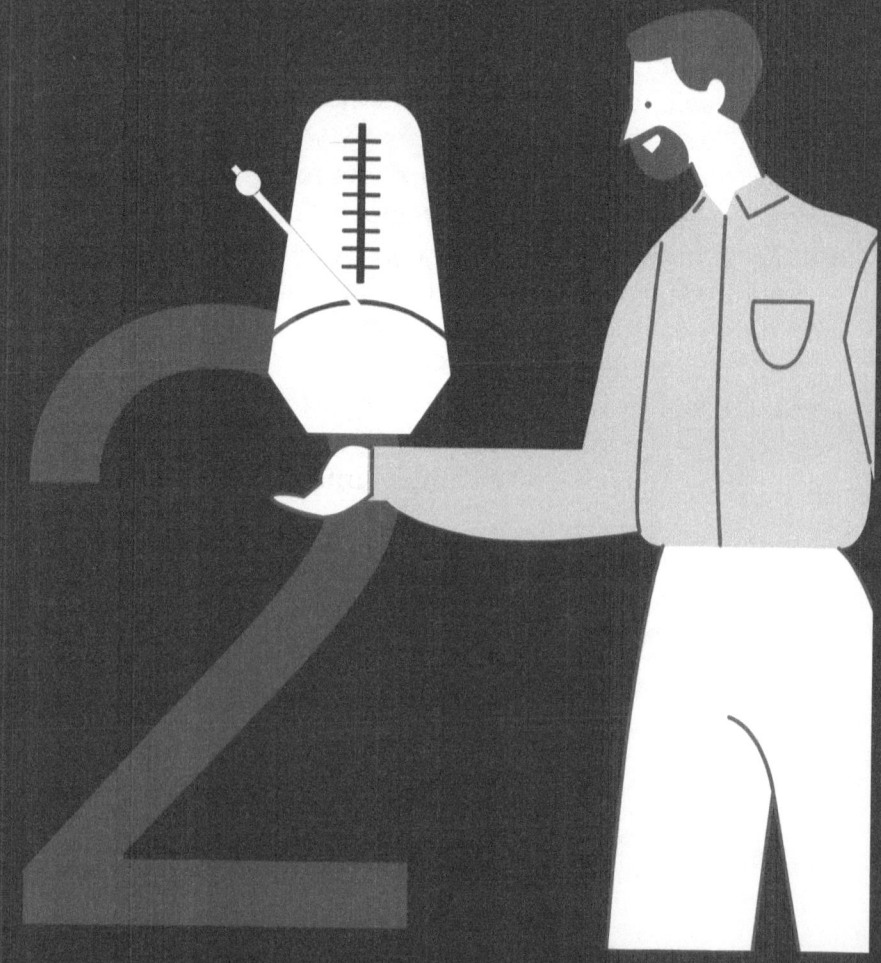

Il pendolarismo non fa bene alla nostra salute fisica, alla nostra salute mentale e neanche al nostro pianeta.

Ma salute a parte se provassimo a fare dei semplici conti sul tempo passato in auto – o nei mezzi pubblici – dai pendolari ci renderemmo conto di quanto sia grande questo spreco.

Facciamo qualche conto

Quando facevo il Project Manager a Verona impiegavo 30 minuti per andare al lavoro e 30 minuti per tornare. La media a Roma è di 52 minuti e a Milano 43 minuti (fonte Il Sole 24 Ore)*. Direi quindi che possiamo tenere i miei 30 minuti come dato buono per fare una media delle città italiane.

Con un banale calcolo scopriamo quindi che buttiamo via 1 ora al giorno in auto. Che diventano 21 ore al mese. Che sono 231 ore all'anno.

Vi sembra poco? Un mese lavorativo conta 160 ore, quindi buttiamo 1 mese e mezzo di lavoro all'anno, per ogni lavoratore d'Italia che magari potrebbe lavorare da casa con un laptop. A quanto PIL corrisponde? A quanto corrisponde negli anni di carriera?

Per farti ragionare in termini pratici sappi che in 24 ore di lavoro in PerformancePPC lanciamo un'intera serie di campagne marketing per un cliente.

In 100 ore di lavoro lanciamo un'intero progetto web con tanto di sito, piattaforma eCommerce e campagne marketing!
In 200 ore di lavoro gestiamo 20 progetti marketing diversi.

Ma queste 231 ore sprecate dal lavoratore per il pendolarismo potrebbero essere usate anche per dedicarsi alla buona cucina, allo sport o allo stare in famiglia.

Togliere il proprio team dall'imbottigliamento del traffico dovrebbe essere l'ambizione di ogni buon manager.

*=https://www.ilsole24ore.com/art/quanto-si-impiega-andare-lavoro-o-scuola-media-52-minuti-roma-43-milano-ACIxqLDB

Lavorare insieme o da soli?

Uno dei principali dubbi che vengono sollevati dai manager riguardo il lavoro remoto è:

"Come faremo a lavorare insieme se siamo collegati in diversi orari?"

É vero, lavorare da remoto con un collaboratore che ha un fuso orario opposto al nostro può diventare difficile.

I tempi di risposta possono essere veramente lunghi.

Per questo sarebbe bene che il team fosse organizzato per avere almeno 2-4h di sovrapposizione nell'arco della giornata così da potersi scambiare le informazioni necessarie.

Dobbiamo però riconoscere che a volte le nostre giornate più produttive sono proprio quelle in cui tutti gli altri sono sconnessi.

Infatti non corriamo il rischio di essere interrotti continuamente, possiamo concentrarci più a lungo e più intensamente portando a termine cose più complesse.

Per questo é bene mantenere un equilibrio tra tempo in sovrapposizione con gli altri e tempo da soli.

Fasce orarie di sovrapposizione

In PerformancePPC lavoriamo da diversi fusi orari. Il nostro Sebastiano si trova - solitamente - in Sud America. Questo fa si che i messaggi che ci manda al pomeriggio vengano letti dopo diverse ore, quando da noi è mattina.

Per ovviare a questo problema si possono stabilire delle "fasce orarie di sovrapposizione". In pratica ci si accorda per essere presenti online, in contemporanea, per 2-4 ore al giorno in maniera che in questa fascia ci si possano scambiare informazioni in tempo reale.

Abbiamo trovato questo meccanismo molto utile anche con collaboratori nel nostro stesso fuso orario. Infatti può capitare che qualcuno decida di lavorare la mattina presto e qualcuno la sera tardi ma solitamente a metà pomeriggio siamo comunque tutti online e dedichiamo quel tempo alla comunicazione e all'organizzazione.

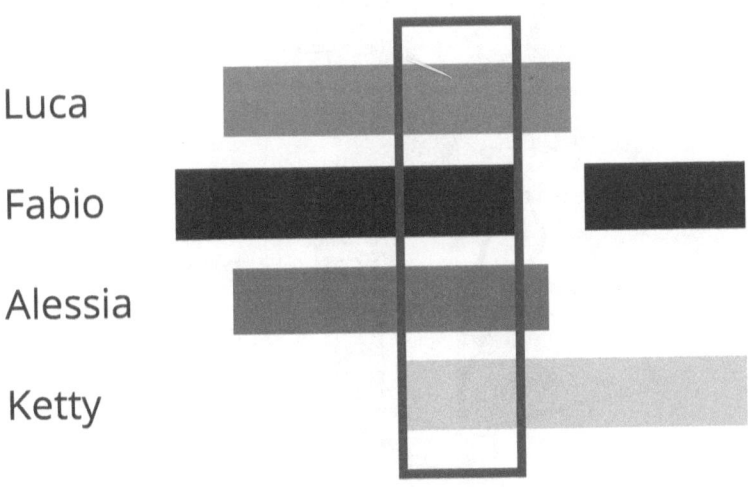

Grafico di sovrapposizione risorse

+Distribuzione
+Resilienza

La capacità di lavorare da remoto può salvare un'azienda.

Lavorare con un team distribuito ci permette di evitare quello che in informatica chiamano "Single Point of Failure".

Se la nostra azienda lavora da più sedi, più città o più nazioni, nel caso in cui in una sede ci siano problemi di connessione, un incendio, un terremoto, un'alluvione o come abbiamo sperimentato un lockdown...non si fermerà l'intera attività!

Con la distribuzione aumenta quindi la resilienza dell'azienda, ossia la capacità di superare periodi di crisi e difficoltà.

Resilienza, la capacità di superare le difficoltà.

Durante il lockdown della primavera 2020 io e il mio team di lavoro non ci siamo mai fermati. Questa nostra resilienza è stata possibile principalmente grazie a un fattore: la capacità di lavorare 100% da remoto.

La distribuzione del team ha reso possibile continuare la normale operatività anche nel momento in cui è stato vietato recarsi in ufficio, perché un singolo ufficio non c'era. Dovete cercare di eliminare i colli di bottiglia, i singoli fattori che possono causare il blocco del vostro business.

La nostra resilienza non solo ci ha permesso di aumentare - anziché diminuire - il fatturato nel 2020 ma ha anche permesso a tutti i nostri clienti di poter continuare a fruire dei nostri servizi durante tutto il lockdown senza nessun problema per le loro campagne marketing. Abbiamo reso così anche le loro aziende più resilienti. Alcuni nostri clienti, per una serie di circostanze, sono riusciti a fatturare 4 o 5 volte in più rispetto l'anno precedente, nonostante il lockdown.

Nelle crisi bisogna sempre cercare di cogliere le opportunità. Non è una frase fatta ma qualcosa che abbiamo messo in pratica grazie alla resilienza. Con la riduzione del lavoro su alcuni progetti dei nostri clienti abbiamo infatti liberato spazio per altre nuove iniziative.

Abbiamo fatto un lancio in partnership con un nostro cliente che ci ha fruttato decine di migliaia di euro. Da questa esperienza é nata una nuova business unit, *PerformanceGO*, che si occupa della realizzazione di landing page efficaci.

Abbiamo realizzato un corso per insegnare alle aziende a lavorare in remoto (Remote Project Management, https://www.remote-project-management.com).

Abbiamo realizzato un corso per insegnare alle persone come avviare e accrescere un'attività da libero professionista online (Fatti Valere, https://www.fattivalere.com).

Mio fratello Fabio é riuscito a pubblicare il suo primo libro "Sognavo la libertà" (Mind Edizioni).

Abbiamo creato una lista di altre idee da mettere in pratica per le quali servirebbero almeno altri 3 anni di lavoro.

Sì, nel 2020 abbiamo più che raddoppiato il fatturato rispetto il 2019 e, no, non ci siamo mai fermati. Ci é costato fatica e sacrificio ma nulla é venuto casualmente. Occorre pensare, pianificare in anticipo, impegnarsi, essere drastici nelle proprie decisioni.

Nonostante il lockdown il nostro team 100% remoto ha lavorato senza problemi.

+Distribuzione
+Opportunità

Se nel "tip 4" abbiamo visto i rischi mitigati con un team distribuito, vorrei ora farti considerare i vantaggi che puoi ottenere dalla gestione in remoto.

Avere dei collaboratori in diverse città del mondo ti potrebbe dare modo di coprire diverse zone geografiche.

Quindi, ad esempio, sarà possibile fare degli incontri con dei clienti della zona se si trovano vicino ai tuoi collaboratori.

Potremmo magari coprire le 24h con la nostra attività se i collaboratori si trovano in fusi orari diversi e magari venderlo come servizio extra.

Inoltre essere presenti in diverse zone e diversi mercati con delle sentinelle ci può dar modo di avere nuove idee e cogliere più opportunità.

Una micro-azienda globale.

Quando lavoravo nell'azienda elettronica di Verona ho scoperto l'importanza, per una società, di essere presente in più sedi. Al tempo avevamo la sede principale in Italia, poi c'era una sede US e infine una sede in Canada.

Quelle estere erano piccole sedi, avamposti che permettevano lo scambio commerciale e relazionale con la regione. Avevamo dei colleghi che lavoravano in quelle sedi. Si può dire quindi che in qualche modo già allora avevamo un team remoto. Potevamo così partecipare a fiere, convegni, andare a fare assistenze ai clienti, svolgere degli incontri rappresentativi o anche semplicemente avere un numero telefonico del posto che i clienti potevano chiamare.

I vantaggi di un'azienda o un team di lavoro distribuito in diverse aree geografiche sono notevoli. Proprio perché i collaboratori si trovano immersi in quell'ambiente possono cogliere e far crescere nuove opportunità.

Con il team PerformancePPC lavoriamo in questo momento da Spagna, Italia, Malta, Messico e forse presto un nostro collaboratore si trasferirà a Bali. Non abbiamo mai percepito la distanza come un problema ma semmai un vantaggio. Per esempio con alcuni dei nostri clienti facciamo delle campagne di marketing online in diverse nazioni estere. Grazie alla nostra distribuzione possiamo testare queste campagne realmente da questi Paesi, come se fossimo degli utenti del posto. Succede anche che riceviamo dei feedback dai collaboratori che ci informano sulle tendenze di un paese, sulle notizie che girano o magari sulle ultime leggi uscite per il commercio.

In un'economia sempre più globalizzata avere un'azienda presente in diversi luoghi diventa quindi un asset strategico che può dare diversi vantaggi competitivi.

Fiducia e Responsabilità

A volte mi chiedo perché molti amministratori delegati e imprenditori affidino tranquillamente i propri bilanci a un commercialista esterno, o si fidino ciecamente dell'operato del loro avvocato esterno... ma non hanno la stessa fiducia per i loro stessi collaboratori interni.

Lavorare da Remoto significa dare fiducia in cambio di responsabilità.

Lo dicono chiaramente le parole di Sir Richard Branson, fondatore di Virgin Group:

"To successfully work with other people, you have to trust each other. A big part of this is trusting people to get their work done wherever they are, without supervisor".

Dalla crisi alla responsabilità

Per anni ho lavorato in grigi uffici. La cosa non mi pesava, d'altra parte lo facevano tutti, senza chiedersi il perché. Che fuori piovesse, facesse bel tempo, ci fosse la neve o il terremoto noi eravamo lì nelle nostre scrivanie.

Certo negli ultimi anni qualcuno aveva iniziato a chiedersi come mai non potevamo fare lo stesso lavoro al PC dalla scrivania di casa ma la cosa non è mai andata in porto. Forse i titolari non erano certi di avere gli strumenti per gestire efficacemente questa nuova forma di lavoro, forse nemmeno noi collaboratori l'abbiamo mai presa seriamente in considerazione. Ho scoperto invece come durante ogni crisi questo argomento emerga sempre più forte.

Nel 2008 lavoravo ancora a Vicenza quando ci fu la grande crisi economica che portò a una riduzione netta del lavoro. Molti furono messi in cassa integrazione ma ricordo che una persona del nostro ufficio veniva pagata ugualmente per lavorare da casa.

Nel 2020 la crisi causata dal COVID-19 ha spinto ancora di più questo cambiamento e oggi anche chi non si fidava dei propri collaboratori è spesso costretto a concedere il lavoro da casa se vuole proseguire con la propria attività in quanto non è possibile lavorare nell'ufficio tradizionale.

Ma era davvero necessaria questa spinta forzata? A mio avviso no. Il COVID-19 ha fatto più male che bene. Le aziende in realtà già si affidavano da tempo a collaboratori esterni.

Penso ad avvocati, commercialisti, progettisti, professionisti in partita IVA con i quali io stesso ho collaborato finché ero dipendente.

E allora perché non avere la stessa fiducia verso i propri dipendenti? Forse perché non lo hanno mai chiesto con insistenza, forse perché i capi non lo gradivano... o forse perché si è sempre fatto così.

Io penso che sia questione di fiducia e di responsabilità. E come in un buon rapporto amoroso: prima si deve dare la fiducia e poi arriva la responsabilità.

Molte persone sono gelose del loro partner, vivono costantemente nel terrore che questo le tradisca. Io ho avuto un'unica storia importante nella mia vita, quella che ho tuttora con mia moglie. Siamo insieme da quando avevamo 17 anni, siamo stati fidanzati ininterrottamente per 10 anni e a 27 anni ci siamo sposati.

Oggi abbiamo due splendide bambine e non abbiamo mai avuto problemi di gelosia. Vado spesso all'estero per lavoro e in passato uscivo con amici ma lei me lo ha sempre permesso senza problemi.

Questa fiducia incondizionata difficilmente può essere tradita da una persona sana di mente. Come puoi tradire una persona che ti ha dato tutta la sua fiducia e continuare a viverle accanto senza travisare nulla? Impossibile per me. La fiducia, quella vera, genera responsabilità nelle persone.

D'altra parte se qualcuno ti pedina negli spostamenti, ti telefona a ogni ora per sentire con chi sei e ti chiede un resoconto dell'intera giornata minuto per minuto, la situazione si fa pesante, a livello tale che diviene quasi liberatoria l'idea di tradire per rifarsi almeno di tutto questo disturbo subito.

Scherzi a parte io penso che, come nelle grandi storie d'amore, anche nei rapporti lavorativi ci sia bisogno di dare prima di tutto la massima fiducia al collaboratore per poi richiedere la massima responsabilità.

Viceversa il controllo genera risentimento.

Conta il VALORE non le ORE

Nel Remote Working difficilmente puoi controllare le ore svolte dai tuoi collaboratori.

Per questo occorre basarsi sul Valore prodotto. Anche se a prima impressione questo può spaventare i manager, i dati sul campo rivelano che questa forma di gestione porta a un aumento della produttività delle persone.

E di questo c'è tanto bisogno in Italia.

Quello che ci dobbiamo chiedere é:
Cosa ha prodotto questa persona oggi?
E non:
A che ora é arrivato?
È stato in ufficio fino a tardi?
Era su Facebook?
Ha preso troppi caffè oggi?

Se ci focalizziamo sul lavoro portato a termine avremo più chiara la velocità del team e individueremo con facilità chi sta tirando la sua parte del carro e chi no.

Per fare ciò è importante definire obiettivi chiari, condivisi e misurabili.

L'impiegato offre il tempo lo smart worker offre i risultati

C'è chi vede il lavoro da remoto esattamente come il lavoro in ufficio con tanto di paga oraria ed esenzione dalle responsabilità. Questo modello è per me assolutamente fallimentare.

Nel lavoro da remoto non possiamo controllare realmente le ore di lavoro. So che c'è chi pensa si possa fare ma la realtà delle cose non è questa. Oltretutto non ha senso avere dei collaboratori che lavorano ore senza produrre nulla. Quello che fa la differenza è il prodotto delle loro ore di lavoro. Per riuscire a lavorare efficacemente da remoto, o con fornitori esterni, dobbiamo lavorare per risultati.

All'inizio un nuovo assunto impiegherà naturalmente più tempo per produrre gli stessi risultati di un collaboratore esperto. Se lo paghiamo per risultati prenderà la stessa cifra del collaboratore esperto per il risultato prodotto ma ci avrà impiegato più tempo. Così il sistema si autoregola correttamente: il collaboratore esperto avrà guadagnato di più per il suo tempo mentre il meno esperto (o chi si è impegnato meno) guadagnerà meno all'ora.

Verrà così premiata in automatico la bravura, l'impegno, l'intelligenza, la voglia di fare, la proattività, l'auto disciplina etc. Questo sistema è talmente logico che dovrebbe essere l'unico esistente ma non è così.

Ricordo ancora quando all'età di 7 anni ho accompagnato con mia mamma mio fratello maggiore al lavoro. Era la prima volta che vedevo un membro della mia famiglia recarsi in una fabbrica. Mia mamma aveva infatti un negozio di abbigliamento e mio papà era un artigiano. Per curiosità chiesi "mamma come verrà pagato mio fratello?". Lei rispose "Un tot all'ora". Non ci potevo credere, già allora da semplice bimbo, trovavo assurdo questo sistema.

"Quindi che lui lavori bene o no non interessa a nessuno? Basta che passino le ore?" chiesi. "Certo..." rispose mia mamma. Ora capisco che questo sia il modo più facile per misurare il lavoro ma non è di certo il più corretto. Tutto si basa sul misurare le ore e controllare le persone affinchè facciano il meglio che si può. Il fiato sul collo regna sovrano in questo ambiente, ma da remoto difficilmente il fiato arriva al collo dei vostri collaboratori. Il modo corretto di misurare il lavoro è quello a valore.

Come si misura il valore del lavoro di una persona?

Fa strano detto da un ingegnere ma gran parte è questione di percezione. Nella mia vita da imprenditore ad esempio ho assunto diversi collaboratori, il motivo è sempre lo stesso: sgravarmi del lavoro da sbrigare per potermi dedicare a cose più strategiche. Nel giro di due o tre settimane mi rendevo subito conto se la persona mi stava aiutando o meno. Lo capivo dalla capacità di apprendere dai suoi errori, dalle mie ore di lavoro, dalla sua proattività nel cercare di risolvere i problemi. Mi sono liberato di certi collaboratori nel giro di qualche settimana proprio perché mi rendevo conto subito che non eravamo allineati e non mi stavano portando valore, ma me lo portavano via.

Ci sono poi due metodi oggettivi per misurare il valore prodotto dal lavoro di una persona. Il metodo quantitativo e il metodo qualitativo.

Il metodo quantitativo si applica soprattutto per attività semplici, ripetitive a basso valore aggiunto. Prevede di assegnare delle precise attività a una precisa risorsa per una precisa data e semplicemente verificare che quelle attività siano state completate secondo i piani. Potremmo così con un semplice software di gestione misurare queste attività e retribuire in base agli accordi.

Il metodo qualitativo è qualcosa di più raffinato, si applica bene ad attività non ripetitive e di alto valore aggiunto come ad esempio la progettazione o la creazione di qualcosa che non esisteva prima. Prevede di assegnare per ogni attività le risorse a disposizione e i risultati che si vogliono ottenere. Alla scadenza delle attività si andranno a verificare i risultati qualitativamente e andremo quindi a retribuire in base al raggiungimento degli obiettivi di qualità.

Per esempio nel marketing potremmo assegnare un budget di 1.000€ per riuscire a vendere 100 biglietti per un concerto. Questo si traduce in un costo per vendita di 10€. Questo sarà il nostro obiettivo qualitativo. Il risultato sarà quindi raggiunto se il collaboratore riuscirà a vendere ogni biglietto spendendo 10€, o meno, in pubblicità. Non ci importerà nulla di quante ore ha impiegato per farlo, da dove lo ha fatto o se aveva le cuffie e navigava nel frattempo su Facebook. Basta che lui ci porti questi risultati in tempo.

Lavorare a valore diventa fondamentale per un professionista che intende innalzare la retribuzione per il proprio tempo.

Per un imprenditore che deve delegare delle attività a un fornitore esterno diventa l'unico modo per assicurarsi il suo massimo impegno.

Insomma il pagamento a valore non solo è possibile ma è anche auspicabile per il lavoro da remoto. Il pagamento del lavoro a ore invece, crea smania di controllo di cui siamo tutti, veramente tutti, vittime in un'azienda tradizionale.

Mostra il lavoro

Quando lavori da Remoto ricordati di...mostrare il lavoro!

Se negli uffici é facile provare l'impegno con la nostra presenza fisica o con le tante interazioni che ci sono durante la giornata...nel lavoro da remoto diventa una vera e propria nuova attività.

Non basta fare il proprio lavoro, e farlo bene, occorre anche mostrarlo!

Il committente, il capo o il vostro manager devono essere informati costantemente di quelle che sono le vostre attività completate.

Pena, ad esempio, il paradosso dell'eccellenza!

Il paradosso dell'eccellenza si verifica quando siamo talmente bravi nel nostro lavoro e risolviamo in autonomia talmente tanti problemi che il nostro superiore neanche se ne accorge.

Il nostro lavoro diventa invisibile e veniamo addirittura accusati di non fare nulla.

Per ovviare a ciò é bene, con una certa regolarità, fare notare i problemi che abbiamo risolto.

Nella pratica bastano dei recap, dei messaggini o audio, in cui andiamo a informare il nostro committente di quanto abbiamo fatto nella giornata o nella settimana appena conclusa e cosa intendiamo fare nella prossima.

Se avete un software di gestione progetto potreste mandare una notifica agli interessati ogni volta che completate un'attività.

Trello e Scrum per mostrare le attività.

Lavorando con il mio team remoto mi sono accorto che la percezione che ha un cliente del progetto è spesso molto diversa dalla realtà delle cose.

Capita spesso infatti che il cliente non si renda conto delle attività che stiamo facendo durante la giornata e si senta addirittura "preso in giro" o pensi che il suo progetto non venga considerato.

Noi occupandoci di campagne pay per click siamo sempre attivi. Non possiamo distogliere l'attenzione dagli account pubblicitari dei nostri clienti per più di due o tre giorni in quanto questi continuano a spendere e se lo fanno nel modo sbagliato sono guai.

Spesso però questa cosa non passa. Il PPC specialist va nell'account del cliente lavora alle sue campagne e poi chiude il PC. Il cliente, dall'altra parte del mondo magari, si chiede che caspita starà facendo quel freelance che sta pagando ogni mese.

Appena ho iniziato a lavorare con mio fratello Fabio a fine 2018 mi sono reso conto subito di questa criticità e la prima cosa che ho messo in campo è stato il sistema Scrum.

I progetti venivano già gestiti in Trello. Sistema che permette di organizzare in maniera ottima le attività attraverso delle schede che si spostano tra le colonne da fare, stiamo facendo, e fatto. Non prevedeva però sufficienti interazioni con il cliente.

Così ho deciso di spezzettare queste attività in schede più piccole in modo che il cliente si rendesse conto meglio del flusso del lavoro. Il sistema Scrum prevede di pianificare ogni 2 settimane un tot di attività obiettivo da completare e chiuderle in quel lasso di tempo senza occuparci di altro.

Con questo sistema e con un aumento delle notifiche che informano il cliente sulle micro attività che facciamo durante il giorno siamo riusciti a mostrare il nostro lavoro. Anche se non incontriamo mai il cliente e lavoriamo a ore completamente differenti.

Vedremo in un prossimo capito i dettagli di questa metodologia Scrum.

Organizzati il giorno prima!

Ciò che in assoluto rende più produttiva una persona é sapere con esattezza quello che deve fare e come farlo.

Quando le persone hanno chiaro in mente degli obiettivi specifici tendono a realizzarli in breve tempo.

Questo vale anche per l'organizzazione personale.

Dobbiamo cercare di essere cristallini con i nostri obiettivi.

Organizzate sempre oggi quello che farete domani. Evitate di lavorare "a vista".

Se avete già deciso quali sono i task minimi da completare il giorno seguente vi sveglierete motivati e decisi a chiuderli.

Inizieremo così in quarta la giornata e saremo molto più produttivi.

Chiarisci gli obiettivi

Quando ero project manager in azienda ho lavorato a un importante progetto navale per il Nord Stream. Fu un'intensa esperienza nella gestione di team in emergenza. In quel periodo dovevamo consegnare l'equipaggiamento di argani per una nave, in particolare il mio team si occupava della parte di elettronica e software di controllo. Avevamo una precisa data di consegna ma, a causa di diversi problemi tecnici e organizzativi, stavamo per andare in ritardo.

Quando lavori in questo tipo di industrie, dove in ballo ci sono centinaia di milioni di euro, il ritardo non è concepito. Infatti avevamo una penale di decine di migliaia di euro per ogni giorno di ritardo nella consegna.

Lo stress in quel periodo era altissimo e io come project manager lo sentivo tutto. Arrivavo a lavorare anche 15 ore alcuni giorni compresi sabato e domeniche per seguire il mio team e portare avanti il lavoro. Ma le cose non funzionavano e la nostra velocità di team non era in linea con gli obiettivi di consegna.

Il problema era che non avevamo in quel momento un' adeguata guida tecnica. Una persona che avesse già la dovuta esperienza e conoscenza sui software e che potesse definire chiaramente cosa fare, in che ordine e chi fa cosa. Infatti il nostro capotecnico era in convalescenza per un intervento chirurgico.

Per fortuna tornò in tempo. Abbiamo fatto una riunione in cui assieme a tutti i tecnici abbiamo definito una chiara tabella di marcia con le esatte attività da fare, le date di completamento e il responsabile di ogni singola attività. Creai un bel grafico di Gantt con tutte le attività giorno per giorno.

Questo, unito alla capacità tecnica del mio capotecnico,

bastarono a far si che il team accelerasse in maniera incredibile il lavoro. Ogni giorno le attività pianificate venivano completate precisamente. Le persone erano più focalizzate perché non brancolavano nel buio ma il giorno prima sapevano già cosa c'era in programma il giorno dopo. Così succedeva a volte che si concludessero prima del tempo le attività e ci si prendeva avanti per quelle seguenti. Completammo il progetto secondo la pianificazione e fu una gran soddisfazione per tutti vedere quegli enormi argani uscire dal capannone.

Ho capito dopo il motivo di questa incredibile prestazione: le persone che hanno obiettivi chiari li perseguono e li completano più velocemente.

Ricorda sempre di spezzettare gli obiettivi fintantochè non siano per tutti chiari e lampanti. Un'attività complessa è difficile da completare, ma non è altro che un grande insieme di attività elementari.

Voglio parlarti di un'altra tecnica organizzativa in questo capitolo. Si tratta della tecnica delle tre M per organizzare le nostre giornate. Serve a farci lavorare sulla cosa giusta al momento giusto e garantire sia il completamento delle attività urgenti importanti che il completamento di attività importanti per il nostro futuro ma che urgenti non sono.

Me time, make time, meet time.

La tecnica nasce dal principio che è bene dedicare nell'arco della giornata del tempo sia ad attività per noi stessi, che ad attività di produzione che ad attività di coordinazione con gli altri.

In particolare si va a dedicare la primissima parte delle giornata "me time" alle attività per noi stessi. Quindi per esempio alla mattina appena svegliati possiamo andare a correre, meditare, scrivere il libro della nostra vita studiare o altro...

Nella seconda parte della mattinata e nel primo pomeriggio si entra nella fascia del "make time". In questa fascia oraria siamo più produttivi e andiamo quindi a svolgere le attività di produzione tipiche del nostro lavoro.

Riserviamo infine la seconda parte della giornata, o del pomeriggio, per il "meet time", ossia il momento in cui ci interfacciamo con gli altri, facciamo le video chiamate, organizziamo la giornata seguente.

Questo implica che durante il "me time" e il "make time" non dovremmo essere interrotti da notifiche e chiamate.

Organizzare il giorno prima - o la settimana prima - le nostre giornate ci garantisce di avere chiari i nostri obiettivi quotidiani e rispettare le fasce orarie.

Di solito uso infatti per ogni fascia oraria stabilire delle attività minime che voglio completare in quella giornata. Il cervello si riorganizza così in maniera tale da portarle a compimento.

Trova i tuoi luoghi di lavoro

Lavorare in remoto non significa per forza lavorare a casa.

Possiamo lavorare da qualsiasi luogo: casa, ufficio, parco, biblioteca, bar, coworking, mare, montagna etc...

Il limite è solo la nostra fantasia.

Ma chiaramente devi trovare il luogo dove stai meglio e sei più produttivo.

La flessibilità che lo smart working dà è il vero valore aggiunto.

Nessun posto è come casa tua

Fin dal primo giorno in cui sono uscito dall'ufficio ho cercato il mio luogo di lavoro ideale. Ora che non ero più vincolato dal recarmi - senza motivo - tutti i giorni tra quelle stesse quattro mura dovevo trovare una mia nuova sistemazione. Ricordo ancora le prime settimane, non mi pareva vero, la scelta di dove lavorare con il mio Mac dipendeva solo da me. Potevo andare ogni giorno in un luogo diverso, lavorare e vivere nuove esperienze. La realtà del nostro paese mi risvegliò presto però da questo sogno. Ancora oggi in Italia puoi essere guardato come un marziano se ti siedi in un tavolino del bar tutta la mattina a lavorare al PC. Ci sono i clienti che ti guardano strano, ci sono i proprietari che si preoccupano che le tue ordinazioni non si limitino a un solo caffè - che poi in realtà questi locali hanno sempre tutti i tavoli vuoti e un po' di compagnia forse non gli farebbe male - ci sono poi quelli che entrano e fanno casino, ci sono le reti Wi-Fi che non funzionano mai, c'è la musica di fondo fastidiosa...etc.

Eliminata l'opzione bar ho pensato quindi di dirigermi verso i luoghi del massimo silenzio: le biblioteche. Peccato che anche qui ci siano dei problemi. Primo tra tutti che questa volta sei tu a fare troppo casino con la tastiera del computer e non puoi assolutamente ricevere chiamate dai clienti perché giustamente disturberesti i lettori. Non parliamo poi del pomeriggio in biblioteca, orde di studenti che con la scusa di studiare si ritrovano in questo luogo per scherzare e fare pettegolezzi. E anche qui, il Wi-Fi non funziona mai.

Ho provato quindi degli spazi aperti, rinuncio al Wi-Fi ma almeno ho la tranquillità di fare quello che voglio. I parchi ad esempio ti danno la possibilità di lavorare in mezzo al verde. Peccato che anche qui ci siano dei problemi. Infatti non si trova mai una postazione ergonomica. Lavorare da una panchina per più di un'ora ti curva pericolosamente la schiena e le tavole da pic-nic non sono nate proprio per lavorarci. Non parliamo poi di quando c'è brutto tempo.

Ho provato quindi un coworking, che ovviamente non avevo comodo a casa dato che abito in un paesino di provincia. Il coworking si trovava a 10km da casa mia ma ci potevo andare in bici per fare del movimento. Il coworking è sicuramente un luogo interessante per chi vuole lavorare per conto proprio senza vincoli stringenti ma allo stesso tempo ritrovandosi ogni giorno con dei "colleghi" in un ufficio.

Si, è proprio questo l'ambiente che ho ritrovato, un grande ufficio con degli strani "colleghi" che si conoscono, si incontrano e chiacchierano ogni giorno in compagnia. Ma questa volta senza i limiti di un ufficio tradizionale. Qui non c'è nessun capo, nessun orario, le persone hanno scelto di essere qui e parlano tra loro di argomenti interessanti al di fuori del lavoro dato che fanno tutti un lavoro diverso. Capita così di conoscere gente nuova e interessante. C'è chi lavora in questo modo da anni, fanno addirittura le cene del coworking, come fosse una palestra o un corso di ballo. Dopo un po' però iniziò a starmi stretto anche questo posto. Infatti era per me troppo simile a un ufficio tradizionale, mi pesava dover fare di nuovo il pendolare da casa mia al coworking. Adottai quindi una nuova soluzione. Mi sono creato l'ufficio a casa.

Avevo la fortuna di avere una mansarda libera, un luogo luminoso, spazioso, silenzioso e soprattutto vicino a casa! Si trova infatti solo a 18 scalini dalla mia cucina. Ho allestito il mio ufficio in mansarda con tutte le comodità, sedia reclinabile, scrivania regolabile, secondo monitor 24 pollici, lavagna e area con green screen per i video. Qui lavoro veramente bene perché ho tutto quello che mi serve e posso modificare il mio ufficio come più mi conviene.

Da questo ufficio privato controllo il mio team e gestisco

PerformancePPC senza bisogno di vedere mai né clienti né collaboratori. Certo non sono mancate le occasioni in cui per puro piacere ci siamo incontrati ma nel nostro caso si limitano a 2-3 all'anno.

Probabilmente l'Italia non è ancora un paese pronto per lo smart working e non potendo lavorare fuori mi sono messo a lavorare dentro a casa alternando delle giornate al lavoro in esterna per tagliare l'aria.

Eppure l'Italia è ricca di bei paesini svuotati negli scorsi secoli dalla corsa verso le grandi città alla ricerca del lavoro in fabbrica o in ufficio. Oggi il problema del luogo di lavoro sta iniziando a scomparire e allora ecco che questi piccoli borghi e luoghi meravigliosi potrebbero essere ripopolati da una nuova generazione ecologica che lavora da un PC e gironzola con una bici. In fondo basterebbe una buona connessione internet e un sistema fiscale favorevole.

Ma di questo ancora non ce ne siamo resi conto, mentre altri paesi - come la Croazia e l'Estonia - hanno iniziato a proporre visti speciali per gli smart worker. Questi paesi hanno annusato la nuova aria che tira e si preparano ad attrarre un nuovo flusso di lavoratori nomadi che cerca un bel posto dove vivere, lavorare, spendere e pagare le tasse.

Il luogo di lavoro ideale dipende sempre dalla persona, e da questa deve essere scelto. Ho scoperto come nelle giornate in cui voglio essere più produttivo mi convenga lavorare dal mio ufficio di casa mentre nelle giornate in cui ho bisogno di più creatività sia preferibile per me spostarmi in un ambiente aperto come un parco o un lago.

Non importa quale sia il tuo luogo di lavoro domani, l'importante è che quel luogo agevoli il raggiungimento dei tuoi risultati.

Metodologie di gestione

Per lavorare bene con un team di lavoro da remoto è importante adottare le corrette metodologie.

Le metodologie sono delle procedure predefinite per gestire un progetto.

La scienza della gestione progetti comprende diverse metodologie dalla più classica, con i diagrammi di Gantt, alle più moderne metodologie Agile.

Quello che conta di più è però capire che non esiste una metodologia perfetta per qualsiasi realtà.

Consiglio di partire da una metodologia definita, come per esempio può essere "Scrum", e poi adattarla dove necessario alla propria attività.

Il project management agile prevede proprio questo: adattabilità a ogni situazione per raggiungere nella maniera più efficace e efficiente possibile gli obiettivi del progetto.

Scrum, ossia fare il doppio in metà tempo.

Il primo libro che ho letto sulla metodologia Scrum è stato *"Fare il doppio in metà tempo: Puntare al successo con il metodo Scrum"* di Jeff Sutherland. Nel testo l'autore racconta come è nata questa metodologia agile di gestione progetti. Resterete sorpresi nel vedere la potenza della sua applicazione in diversissimi contesti: dalla progettazione software alla realizzazione di opere civili.

Ho conosciuto questa metodologia durante il mio periodo universitario. Già all'ora l'applicai agli studi e riuscii a passare da 1 esame presentato ogni 3 mesi a 3 esami presentati in un solo mese. Un vero portento per la mole di studio che avevo nella facoltà di Ingegneria. Questo è un articolo che racconta questa mia "impresa": www.accendilamemoria.com/scrum-cosi-gestisco-i-miei-obiettivi-personali. E questa era la mia prima bacheca Scrum di allora (ancora fisica):

La mia prima bacheca Scrum, 2016.

Scrum, tradotto dall'inglese significa "mischia", un chiaro riferimento al mondo del football americano dove tutto il team salta addosso alla palla per portarla avanti.

Proprio questo è il principo alla base della metodologia. Si definiscono un numero limitato di attività da svolgere nell'arco di uno sprint (durata 1 o 2 settimane) e tutto il team "salta addosso" a queste attività per portarle a compimento nel più breve tempo possibile. Ognuno mette del suo per contribuire al completamento delle attività. Non si possono aggiungere altre attività durante lo sprint e questo garantisce la focalizzazione del team. Tutta l'organizzazione Scrum ruota attorno alla bacheca di progetto. Si tratta di una bacheca - simile a quella usata nel sistema Kanban - che ordina in diverse colonne le attività da programmare (chiamato product backlog), le attività da fare durante lo sprint, le attività in corso di svolgimento, le attività da verificare e le attività già completate.

Esempio di tabella Scrum

Questo testo non vuole essere una guida completa su Scrum ma possiamo anticipare che in questa metodologia esistono dei ruoli ben definiti e degli altrettanto definiti riti. Tra i ruoli troviamo lo Scrum Master, ossia il responsabile che si assicura la metodologia venga applicata correttamente; il Product Owner che è il responsabile del prodotto che gestisce il product backlog; il team Scrum e infine il cliente (o stakeholder).

Tra i riti troviamo lo Sprint Planning, in cui si vanno a pianificare le attività dello sprint; lo Sprint stesso, in cui si vanno a realizzare le attività; il Daily Standup, in cui si fanno dei recap giornalieri; e lo Sprint Retrospective, in cui si fa la review dello sprint completato.

Non ci addentriamo oltre nella metodologia in quanto come detto servirebbe un testo specifico a parte, che ho anche già consigliato all'inizio del capitolo. Nel mio corso Remote Project Management inoltre ci sono diverse lezioni specifiche in cui viene spiegato come funziona Scrum e come applicarlo ai vari progetti.

Quello che voglio riportare qui è la mia esperienza nell'uso della metodologia. Infatti sia io che il mio team siamo entusiasti dei risultati e dell'organizzazione che questo metodo comporta. Grazie alla bacheca Scrum ognuno sa che cosa sta succedendo in ogni progetto in tempo reale, può avere tutte le informazioni che servono per lavorare e il cliente - che si trova anch'esso all'interno della bacheca - è sempre aggiornato su quello che stiamo facendo. Una questione indispensabile quando si lavora da remoto.

In realtà noi abbiamo apportato delle piccole modifiche a Scrum proprio per adattarlo alla nostra realtà e al nostro modo di lavorare completamente da remoto. Infatti il metodo è stato sviluppato in uffici di progettazione che prevedevano la presenza fisica. Cosa che da noi non c'è. Per questo ad esempio il daily standup è stato sostituito da una chat Telegram e da un recap settimanale.

Insomma, come spiego nel corso, le metodologie vanno calate e adattate nella propria realtà per rendere al meglio. Dobbiamo usarle come base di partenza per poterci poi lavorare sopra e creare qualcosa di personalizzato e produttivo per la nostra realtà.

Il nostro sistema piace ai collaboratori e piace ai nostri clienti che dopo qualche settimana di inserimento lo utilizzano correttamente. La nostra metodologia di gestione è quella che ci permette di fare veramente il doppio in metà tempo infatti in 40 ore un nostro collaboratore produce quanto in 1 mese un normale dipendente in un'azienda tradizionale.

Strumenti di lavoro da remoto

Per il lavoro a distanza abbiamo bisogno di 4 categorie principali di strumenti: comunicazione, gestione, produzione e tracking.

Gli strumenti di comunicazione sono quelli che ci permettono di scambiare informazioni a distanza, ad esempio Skype, Telegram, Slack etc...

Gli strumenti di gestione sono quelli che ci permettono di gestire le attività in corso, ad esempio Asana, Trello, Google Calendar etc...

Gli strumenti di produzione servono a produrre materiali come documenti, grafici, tabelle excel, presentazioni etc... un esempio Google Suite.

Gli strumenti di tracking, infine, ci permettono di tenere traccia degli avanzamenti del progetto e dei tempi impiegati. Un esempio su tutti Toggl.

I tuoi nuovi strumenti di lavoro.

Per lavorare da remoto non servono chissà quali strumenti. Si può iniziare da subito con dei software gratuiti. Noi siamo partiti appunto con una base di applicazioni gratuite alle quali solo oggi, che gestiamo progetti per decine di migliaia di euro, abbiamo aggiunto dei servizi a pagamento. La base da cui partire sono le 4 categorie di strumenti visti sopra. Consiglio Trello per gestire la pianificazione delle attività. Potrete creare diverse bacheche da utilizzare secondo il metodo Scrum spiegato nel capitolo precedente.

Indispensabile poi avere dei buoni strumenti di comunicazione. In questo momento funzionano molto bene Zoom e Skype. Già con le versioni gratuite avrete la possibilità di fare video chiamate con team di più persone. Consiglio di creare una chat di team. Noi utilizziamo Telegram per tenerlo diviso dall'ormai inflazionato Whatsapp dove si ricevono notifiche perlopiù da amici e famigliari.

Importante poi tracciare il tempo. Sia per misurare le prestazioni del vostro team che per misurare l'impegno in ore che vi porta via ogni attività. La misura del tempo, come spiegato, non deve essere usata per remunerare le persone ma come feedback per capire se il loro lavoro è efficace o se stiamo impiegando troppo tempo per alcune attività. In questo momento è Toggl lo strumento che consiglio per tracciare il tempo.

Infine gli strumenti di produzione. Trovo sorprendente come ancora oggi gran parte delle aziende comunichino solo via email e lavorino su documenti offline. Grazie al Cloud possiamo produrre documenti, immagini, fogli di calcolo, e presentazioni completamente online. Questo ci mette al sicuro dalla perdita di dati dovuta a problemi nel nostro PC. Oggi mi sento di consigliare Google Suite che già in versione gratuita mette a disposizione tantissimi strumenti per il vostro ufficio virtuale. In definitiva dobbiamo ricordare che non è il nome dello strumento quello su cui ci dobbiamo focalizzare ma la sua funzionalità. I brand cambieranno nel tempo e noi dobbiamo essere pronti a migrare da uno all'altro strumento senza troppi problemi. Siamo in un nuovo sistema, siamo nell'economia liquida. Prima ce' ne rendiamo conto meglio è.

Questione di mentalità

Come "pensa" un team di lavoro da remoto?

Se nei tips precedenti abbiamo visto le metodologie e gli strumenti, qui vedremo la corretta mentalità per un team di collaborazione da remoto.

Passare al lavoro remoto non vuol dire semplicemente portarsi a casa il portatile continuare a fare quello che si faceva prima in ufficio.

Serve una certa mentalità che è diversa da quella dell'impiegato classico.

Serve una certa dose di autodisciplina, di affidabilità, di doti comunicative e… sì anche di spirito imprenditoriale.

Distanti ma uniti

Nel libro *"Intelligenza emotiva"* di Daniel Goleman c'è un capitolo dedicato ai gruppi di lavoro. Secondo Goleman se un team è affiatato e ben coordinato si comporterà come un organismo unico. Un organismo con un proprio Qi. Ossia un quoziente intellettivo aggregato. La cosa interessante è che questo Qi sarebbe maggiore della somma dei singoli Qi delle persone che lo compongono.

Per questo secondo l'autore sarà sempre più importante nel futuro saper creare e gestire gruppi di lavoro con le tecniche dell'intelligenza emotiva.

L'intelligenza emotiva è la capacità di riconoscere, utilizzare, comprendere e gestire in modo consapevole le proprie e le altrui emozioni.

Il manager di un team remoto deve avere spiccate competenze relazionali. Deve saper comprendere i segnali deboli che arrivano dal progetto. Deve intervenire in tempo.

La mentalità del team va coltivata ogni giorno con delle azioni concrete. Cercando di stimolare il dialogo tra le persone. Dentro e al di fuori del contesto lavorativo.

Dobbiamo cercare di creare un ambiente stimolante. Le persone si devono sentire ispirate e motivate nel perseguire gli obiettivi aziendali.

Quando ero dipendente ricordo che era più facile. L'ultima azienda fisica dove ho lavorato organizzava molte cene. La stessa pausa caffè che si faceva 2-3 volte al giorno era un'occasione di coesione del team.

Da remoto invece, con PerformancePPC abbiamo dovuto creare dei meccanismi artificiali per rinforzare questa coesione.

Ad esempio istituendo per primi la pausa caffè virtuale. Ossia una stanza virtuale sempre aperta dove i membri del team possono entrare quando prendono il caffè a casa propria. Possono così condividere quel momento parlando del più o del meno. Di solito sempre al di fuori di argomenti lavorativi.

Se non c'è questo coinvolgimento e questa mentalità nel team diventa difficile collaborare da remoto. Quando sei a casa da solo, o magari sei in qualche bella località balneare con il tuo laptop non c'è nessuno che ti dice che devi lavorare. Dipende unicamente da te organizzare gli orari e metterti sotto per completare il lavoro.

Di fatto un collaboratore da remoto viene valutato in base ai risultati. Non sta vendendo il suo tempo. Sta vendendo un servizio, sta vendendo se stesso. Per questo serve una determinata predisposizione mentale che, a mio avviso, si avvicina molto a quella imprenditoriale.

Il capitano della nave

In ogni progetto di collaborazione da remoto è bene ci sia un capitano: il Project Manager.

Questa figura professionale, poco presente nelle piccole aziende italiane ma molto diffusa nelle medie e grandi realtà, è indispensabile quando si lavora da remoto.

Il project manager di un progetto remoto non è un mero "controllore", deve invece fare da collettore delle comunicazioni, deve saper dare obiettivi precisi e deve sapere come misurare le attività completate.

Dovrà avere delle competenze specifiche per riuscire a esercitare la "leadership a distanza"!

In un mondo del lavoro sempre più aperto, con la libera circolazione dei talenti, un'azienda diventa una nave dove pirati motivati scelgono di salire a bordo ogni volta per una nuova avventura e il project manager è il capitano che guida la caccia al tesoro.

Essere un remote project manager

Mi è sempre piaciuto il ruolo del project manager. Una figura trasversale che riesce a coniugare competenze tecniche e relazionali per portare un team a raggiungere i suoi obiettivi.

Già in azienda mi piaceva questo ruolo, rifletteva appieno la mia indole curiosa e il mio voler comprendere un po' tutto. Il project manager deve infatti parlare diverse "lingue" per relazionarsi con i vari professionisti che partecipano al progetto. Le sue competenze spaziano dal commerciale all''ufficio acquisti, dalla progettazione fino alla realizzazione operativa. Come amava ricordarmi il mio capo: "il project manager è l'amministratore delegato del progetto".

Se questa figura è molto utile nelle aziende tradizionali che si occupano di progettazione e produzione, diventa strategica nelle aziende che hanno dei team di lavoro da remoto.

Il lavoro da remoto per sua natura infatti presenta delle criticità: il team non si trova tutto nello stesso luogo e spesso non lavora nello stesso momento. A volte abbiamo addirittura diversi fusi orari, e le comunicazioni devono essere gestite correttamente. Ecco che torna utile quindi la figura del remote project manager che assicura la coordinazione delle risorse e il raggiungimento degli obiettivi aziendali. Si tratta di un manager specializzato che conosce le metodologie, gli strumenti e la corretta mentalità per la gestione delle risorse da remoto.

Lavorando completamente da remoto il manager non può controllare l'operato dei collaboratori sulla base della presenza fisica ma dovrà focalizzare il suo controllo sui risultati prodotti. Si passa come abbiamo visto da un controllo a ore a un controllo a valore.

Nasce qui il concetto di responsabilità distribuita dove ognuno deve essere responsabile del proprio lavoro e di quello degli altri.

Di solito a studiare per diventare remote project manager sono due tipi di professionisti: chi è un già manager e vuole imparare le peculiari tecniche e strategie per gestire dei team remoti o chi è un membro di un team di lavoro che già opera in smart working e decide di acquisire delle skills manageriali.

Nel mio caso sono partito dal ruolo di project manager ufficiale in un'azienda multinazionale, mi sono poi licenziato per mettermi in proprio come consulente aziendale e infine ho fondato il mio team di professionisti *PerformancePPC*. Fin da quando ho deciso di creare il mio team non ho mai avuto dubbi su quale sarebbe stata la sua forma organizzativa: un'azienda 100% liquida. Ossia un'azienda flessibile, composta da un team remoto, con bassi costi fissi e alti margini. I miei soci sono in remoto, i miei collaboratori in remoto, i miei documenti sono tutti in remoto, il mio commercialista in remoto, tutti i miei clienti in remoto, tutti i miei fornitori in remoto e così via...

Il nostro fatturato cresce del 130% l'anno con un utile del 70%. Poche altre realtà ci riescono. In questo percorso abbiamo capito da subito che la chiave di tutto è saper gestire efficacemente la propria attività in remoto. Saper gestire il team di collaboratori, renderli efficaci e produttivi. Saper gestire i clienti, renderli partecipi dell'avanzamento del progetto. Saper gestire i fornitori esterni come fossero parte del nostro team.

Durante questo intenso percorso abbiamo accumulato esperienze avanzate nella disciplina del Remote Project Management, abbiamo studiato tecniche di team working e le abbiamo applicate nella pratica.

Da questi studi e queste esperienze è nato questo libro e il corso per Remote Project Management che offriamo online.

Sia che tu debba gestire un team che sta lavorando a un progetto sia che tu debba gestire del lavoro ordinario ma da remoto avrai bisogno delle tecniche del Remote Project Management per raggiungere efficacemente i tuoi obiettivi.

Se vuoi saperne di più sul corso per Remote Project Manager visita www.remote-project-management.com

O inquadra questo QR code con il tuo smartphone:

Leadership remota

Come si esercita la leadership in un team di lavoro Remoto?

Bisogna abbandonare il concetto classico di leadership per aprirci alla "leadership di team" o "leadership distribuita".

Cari i miei leoni da ufficio qui i vostri ruggiti non avranno effetto, da remoto valgono altre regole...come quelle dai Navy SEALs

Cosa c'entrano i Navi SEALs?

Dovete sapere che i Navy SEAL, le forze speciali americane, sono organizzati per operare in piccoli team molto agili. In questi team esiste una gerarchia ufficiale ma la leadership viene esercitata dai diversi membri in base alle situazioni. A seconda dell'azione che si sta svolgendo ci sarà un membro del team che prenderà la posizione di leader in maniera naturale e guiderà il gruppo.

Questo principio è molto utile anche per i team di lavoro remoti. Ogni membro del team deve sentirsi responsabile del risultato finale del progetto e pronto a prenderne le redini per trascinare il gruppo se la situazione richiede le sue peculiari capacità.

Nel libro *Extreme Ownership* l'autore - ex Navy SEAL - spiega come sia fondamentale che ogni membro del team si prenda la piena responsabilità di tutto ciò che accade.

Penso questo sia il primo requisito anche per un membro di un team remoto. Nessuno è lì per controllare il suo operato. A volte anche i risultati possono essere velati, quello che emerge alla fine è soltanto il successo del progetto. Diventa quindi importante che ogni membro si prenda questa responsabilità.

Il leader è colui che dà l'esempio e mostra la strada. In un team composto da knowledge workers sarà la conoscenza di ognuno a guidare il gruppo. In un mondo dove le specializzazioni sono sempre più verticali sarà necessario avere un leader per ogni area per raggiungere il successo con il proprio team.

Prendiamo per esempio una web agency che realizza siti web. Quando si andrà ad affrontare la parte di design del sito sarà il graphic designer a guidare il team con le sue competenze grafiche. Quando si andrà a decidere come posizionare il sito sui motori di ricerca sarà il **SEO** specialist a guidare il team. Quando si andranno a definire le campagne marketing per promuovere il sito sarà il **SEM** specialist a diventare il leader. Grazie alle loro peculiari competenze ognuno di questi professionisti trascinerà il team verso il successo.

Dobbiamo quindi cercare di abbandonare la vecchia piramide gerarchica. Il leader non è detto sia il manager o il capo gruppo in ogni situazione.

Nel nostro team remoto PerformancePPC siamo tutti laureati e certificati Google ma ogni membro ha delle peculiari specializzazioni. Chi è più bravo a fare pubblicità in Facebook, chi in Google, chi ha più gusto grafico e chi sa trattare meglio con i dati.

Tutte queste specializzazioni sono essenziali e quando si deve lavorare in un'area specifica sarà Alessia piuttosto che Davide a guidare il progetto.

Il project manager in tutto questo dovrebbe essere la persona specializzata nella coordinazione del team. Dovrebbe avere una buona *intelligenza emotiva* per comprendere cosa sia meglio fare in ogni situazione. Dovrebbe avere delle ottime capacità decisionali. Non serve traini il gruppo ma si deve assicurare che il gruppo possa lavorare al meglio.

Il project manager non dovrebbe avere quindi tutto il peso della responsabilità del progetto. Non dovrebbe fare - come spesso accade - lui stesso il lavoro. Si dovrebbe occupare invece di rimuovere gli ostacoli davanti al team per farlo lavorare al meglio.

Overworking

Spesso, al contrario di quello che si pensa, il problema dei team di lavoro remoto é quello di lavorare troppo.

Molti manager pensano che i collaboratori da remoto (in Smart working) non essendo sotto la loro diretta supervisione diventino pigri e lavorino di meno.

In verità spesso è vero il contrario e il manager si trova a dover gestire l'overworking: ossia l'eccesso di lavoro che porta a lavorare troppo a lungo e troppo duramente.

Le persone che lavorano per obiettivi infatti vorranno fare di più per dimostrare il loro valore.

Inoltre, con il computer e il cellulare sempre a portata di mano, diventa facile cadere in tentazione e magari dopocena o nei momenti liberi andare a dare un'occhiata a quelle email o quei lavori che abbiamo in arretrato.

Lo Smart Working va gestito in maniera da mantenere un corretto equilibrio tra lavoro e riposo altrimenti si rischia l'esaurimento.

Per ovviare a ciò è consigliabile anche prevedere delle giornate di pausa, dei periodi di ferie e magari dei cambi di ambiente di lavoro, che il remote working permette naturalmente.

La profezia che si autorealizza

Chi non ha mai lavorato da remoto tende a pensare che questa forma di lavoro sia più facile e meno impegnativa del lavoro tradizionale. Lo stereotipo classico del tipo che lavora in spiaggia sotto la palma è abbastanza insediato nella mente delle persone.

C'è da dire che è assolutamente possibile lavorare da una spiaggia o da qualsiasi luogo si voglia con una semplice connessione a internet. Tuttavia la verità è che da remoto, specie se si è liberi professionisti, si lavora sempre. Si perché il tipo sotto la palma non è in vacanza, è comunque lavoro e spesso più impegnativo di quello classico da ufficio. Nel lavoro remoto al posto del nostro tempo è richiesta la nostra competenza nel risolvere un problema. Quindi serve tutta la nostra concentrazione nell'attività, spesso senza stacchi o pause caffè. Proprio perché siamo giudicati sui risultati tendiamo a lavorare più ore del normale e fatichiamo a staccare la testa dalla nostra attività anche durante le feste o le vacanze. In realtà la sfida diventa quindi il riuscire a limitarci e rispettare le giuste ore di riposo.

A renderci questo compito ancora più difficile è la famosa legge di Parkinson. Secondo questa teoria il lavoro all'interno di un'organizzazione cresce e si espande in modo da occupare tutto il tempo a disposizione. Se, dunque, avrò 8 ore al giorno per portare a compimento le mie attività, farò in modo - spesso irrazionalmente - di far crescere il lavoro così tanto da metterci almeno 8 ore, nemmeno un minuto di meno per completarlo. Se ho a disposizione 10 ore farò in modo di riempire tutte e 10 le ore. Per fortuna è vero anche il contrario. Se, per questioni esterne, siamo costretti a lavorare solo 4 ore al giorno come per magia riusciremo a completare tutte le attività importanti in 4 ore. Mi accade spesso quando vado in vacanza con la famiglia e lavoro solo un paio d'ore la sera tardi riuscendo comunque a completare tutte le attività.

Come funziona? Di fatto non si fanno tutte le attività ma il cervello seleziona naturalmente le attività più importanti e ci fa perdere meno tempo in fronzoli vari.

Il migliore modo di gestire il lavoro in remoto diventa quindi quello di stabilire a priori la quantità di ore della giornata che siamo disposti a dedicare al lavoro e poi fare di tutto per rispettarle. Come una profezia che si auto realizza.

C'è un'altra questione molto importante sulla quale vorrei far soffermare la tua attenzione: ore di lavoro e meritocrazia. Negli uffici tradizionali succede spesso che le persone che fanno più ore di lavoro e si fermano fino a tardi in ufficio la sera vengano premiate e riconosciute come le più importanti per l'organizzazione.

Mi è capitato di lavorare con diverse realtà, anche molto grandi, dove questo fenomeno era la normalità. Si stava in ufficio dalla mattina alle 9.00 fino alla sera alle 19.00, 20.00, 21.00...era la normalità. Addirittura se qualcuno si azzardava a uscire alle 18.00 dopo aver completato le sue 8 ore di lavoro veniva accusato di menefreghismo nei confronti dell'azienda! Una situazione veramente paradossale.

Tornando sul concetto che conta il valore prodotto non le ore possiamo dire che chi resta di più in ufficio è semplicemente disorganizzato e poco produttivo. So che è dura accettare questa affermazione da parte di chi ha fatto delle ore la sua principale leva di carriera ma è la verità. Può capitare che per un periodo occorra fare delle ore extra per far fronte a una situazione straordinaria. Se questo periodo si protrae però per più di due-tre mesi fino ad arrivare ad anni può significare solo che non si vuole risolvere il problema e si è deciso di fare più ore. Per chi è pagato a ore suggerisco: dimostrate di essere più produttivi degli altri, lavorate meno e fatevi pagare di più.

Ho imparato questo concetto dalle aziende olandesi. Quando ero project manager nel settore navale e chiamavo in Olanda per interfacciarmi su un progetto dovevo farlo prima delle 16.00 altrimenti non avrei trovato il mio corrispondente in ufficio.

Sì perché loro cascasse il mondo lavoravano dalle 7.00 alle 16.00.

Tutto era pianificato, con i dovuti margini e per loro era un segno di grande inefficienza se un impiegato stava in ufficio oltre l'orario previsto.

Per questo veniva richiamato e si cercava di capire quale fosse il problema. Se il lavoro era effettivamente troppo si pianificava l'entrata di altre risorse o una dilatazione nei tempi di consegna. Francamente mi sembra abbastanza logico.

Interruzioni e Produttività

Le interruzioni nel lavoro defocalizzano e distruggono la produttività.

Interrompere un collega per fargli una domanda lo forza a fermare quello che stava facendo, focalizzarsi in qualcos'altro per dare la risposta e quindi ri-focalizzarsi per riprendere il flusso di lavoro da dove era rimasto.

Questo avviene in continuazione negli uffici tradizionali ed è una delle cause maggiori della scarsa produttività di questi ultimi.

Prima di interrompere qualcuno per fargli una domanda dovremmo fermarci e pensare 10 secondi se c'è modo di trovare da soli una risposta.

Lavorando in remoto siamo più protetti da questo problema ma diventa indispensabile valutare la priorità del messaggio e scegliere quindi il giusto canale di comunicazione:

Domande bassa priorità, 80% dei casi, 1-2 giorni per la risposta, via software di gestione progetto o email;

Domande media priorità, 15% dei casi, 1-2 ore per la risposta, messaggistica istantanea (es.Telegram);

Domande alta priorità, 5% dei casi, risposta immediata, messaggistica istantanea (es.Telegram) o Telefono.

Riconoscere le priorità delle domande e interrompere meno possibile gli altri aumenta enormemente la produttività del team.

Quanto, come e dove comunicare.

Nella mia esperienza come remote project manager ho sempre fatto molta attenzione alla comunicazione e alla scelta dei canali di comunicazione. La comunicazione con i clienti, la comunicazione con il team e la comunicazione con i fornitori sono attività che vanno gestite con pari attenzione.

Se le comunicazioni si intensificano troppo cadiamo nel micro-management che danneggia l'efficienza dell'azienda. Se le comunicazioni diventano troppo sporadiche si possono verificare più facilmente degli errori e si va incontro quindi a problemi di efficacia.

Tra manager e collaboratore la comunicazione ideale si ha quando quest'ultimo è proattivo. L'ideale è se il collaboratore fa presente al manager il problema e propone già la sua soluzione che vorrebbe mettere in atto per risolverlo. La risposta del manager dovrebbe essere un sì o un no. Nel momento in cui siamo costretti ad articolare una risposta più complessa vuol dire che il manager è costretto a pensare e questo significa che il suo team non sta alleggerendo il suo lavoro, non sta co-pensando con lui.

Importante poi scegliere il corretto canale di comunicazione. Con molti clienti ho fatto fatica a far abbandonare le email per passare a sistemi di comunicazione più avanzati come ad esempio Trello. Nel tempo però sono sempre riuscito a dimostrare l'utilità di questo passaggio.

Nel giro di qualche mese il cliente è in grado di comunicare in maniera asincrona e organizzata con tutto vantaggio per la produttività. Non si interrompe il lavoro del professionista con notifiche o chiamate e tutte le informazioni sono ordinate e recuperabili da chiunque e in ogni momento.

La comunicazione al telefono è una questione molto delicata. Nel mio lavoro come project manager in azienda facevo largo uso del telefono, anche di quello mio privato. Avevo il telefono bollente durate tutto l'arco della giornata.

Da quando sono in proprio, e ho capito l'importanza del tempo e della focalizzazione, ho stabilito delle regole ferree per questo canale di comunicazione con i miei clienti.

Non fornisco il mio numero telefonico a nessun cliente. Non ricevo nessuna chiamata a freddo. Le chiamate in video-conferenza vanno organizzate giorni prima.

La frequenza di queste chiamate varia in base al cliente e alla fase di vita del progetto. Su certi progetti organizziamo soltanto una chiamata di allineamento mensile. Su altri tre chiamate: una inizio mese, una a metà e una verso la fine del mese.

Quasi mai ho superato le tre chiamate al mese su un progetto in quanto la comunicazione via chat che si svolge giornalmente su Trello è più che sufficiente.

La frequenza delle chiamate può talvolta variare in base al livello operativo. Ad esempio il mio team di specialisti pay-per-click, dovendo svolgere operazioni molto ravvicinate con il cliente può interfacciarsi telefonicamente per sbloccare delle questioni anche al di fuori delle chiamate canoniche programmate.

L'importante è fare sempre la scelta più efficiente, con il buon senso.

Esercizio fisico

Che tu lavora da un ufficio a Milano o da un chiosco sulla spiaggia di Miami é importante ricordare che stai lavorando davanti a un computer.

Una posizione innaturale e statica.

Diventa quindi molto importante fare delle pause e organizzarsi per fare del movimento fisico.

Non vorremo diventare come Susan* vero?

*= Susan è un avatar 3D di una presunta smart worker sformata da 25 anni di Smart working. Fu presentata al pubblico da uno studio promosso da DirectlyApply nel 2020.

Cinque consigli per un Smart Working sano

La vita da smart worker può diventare facilmente troppo sedentaria. Non essendo più obbligati a uscire di casa per andare al lavoro possiamo diventare dei "pendolari" tra letto e scrivania. Diventa importante per cui organizzare un sana routine per mantenere un equilibro psicofisico ottimale. Ecco cinque consigli che applico personalmente e che reputo importantissimi per rendere sostenibile il lavoro in remoto.

Primo consiglio: lavora nei momenti più produttivi. Organizza la tua giornata in anticipo pianificando le fasce orarie dedicate al lavoro, allo studio, alla famiglia senza dimenticare la fascia oraria dedicata allo sport. In tanti tipi di lavoro è intrinsecamente presente una sostenuta attività fisica. Nello smart working no. Occorre quindi prevedere ogni giorno, ripeto ogni giorno, almeno 40 minuti di buona attività fisica. Il lato positivo è che possiamo scegliere noi quando fare sport per cui potremmo andare in palestra alle 10.00 di mattina quando non c'è nessuno e magari lavorare alle 23.00 di sera perché guarda caso in quel momento noi siamo più produttivi. L'importante è organizzarsi e far sì di impostare una routine sana e ricorrente.

Secondo consiglio: applica la regola del 20-20-20. Si tratta di una ginnastica per gli occhi. Mentre lavori ricordati di staccare gli occhi dallo schermo ogni 20 minuti, guardare distante 20 piedi (6 metri) per almeno 20 secondi. Questo esercizio aiuta a prevenire secchezza e problemi di arrossamento degli occhi dovuti alla sovraesposizione allo schermo.

Terzo consiglio: muoviti ogni ora per almeno 5 minuti. Non è bene passare ore seduti immobili al PC. Ricorda ogni ora di alzarti e camminare per casa, ufficio od ovunque tu sia per circa 5 minuti. Questo aiuta a ristabilire la circolazione nel corpo. Oltretutto ossigena il cervello e ti farà lavorare meglio. Ricorda che le gambe sono le "ruote del pensiero". Se hai un uno smart watch attiva la funzione che ti ricorda in automatico di alzarti almeno una volta all'ora, può essere molto utile.

Quarto consiglio: alterna attività aerobica e anaerobica. Non sono laureato in scienze motorie né un personal trainer per cui questo libro non vuole dare nessuna scheda di allenamento a nessuno. Prendete con le pinze i miei consigli, non come oro colato. Io vi dirò quello che ho studiato, applicato e che ha funzionato meglio su di me. Ognuno ha un corpo diverso per cui prendetela come una delle strade possibili e poi valutate voi se volete provarla o cercare qualcosa di più adatto al vostro caso.

Io ho un fisico che, da sempre, tende a essere magro. Il mio peso forma è sui 65kg anche se mangio come un matto non riesco a superarli per cui lo scopo del mio movimento non è dimagrire ma semmai aumentare la massa. A ogni modo i consigli che do qui hanno principalmente due obiettivi, che sono quelli che ho sempre richiesto ai personal trainer che mi hanno seguito: primo obiettivo fare movimento per avere un fisico sano ed energetico, secondo obiettivo fare movimento per mantenere corretta la mia postura. Penso che questi siano i due più importanti obiettivi per chi fa 7-8-9 ore seduto davanti a un computer ogni giorno.

La tabella di allenamento perfetta l'ho trovata con l'alternanza di allenamento aerobico e anaerobico. Tralascio le definizioni tecniche di questi due tipi di allenamento. Per fare chiarezza, nella pratica, possiamo dire che l'allenamento aerobico è quello che ci fa fare uno sforzo poco intenso ma prolungato e tende a bruciare i grassi in eccesso. L'allenamento anaerobico è quello che ci fa fare uno sforzo intenso ma per breve tempo e tende a far aumentare la massa muscolare. Il perfetto mix di questi due tipi di allenamento ci permette di avere un fisico sano ed energetico.

Nel mio caso, l'equilibrio perfetto è sul 50%-50%. Faccio quindi allenamento sei giorni alla settimana con il settimo giorno di riposo. Intervallo tre giorni di allenamento aerobico, come la corsa o la camminata, con tre giorni di allenamento anaerobico, nel mio caso pesistica in palestra.

Potete scegliere diversi tipi di allenamento aerobico. Ad esempio corsa, camminata, bicicletta, nuoto...l'importante è che manteniate uno sforzo moderato per almeno 30 minuti. Lo sforzo si misura con i battiti cardiaci. Uno sforzo moderato è quello che si ha sottraendo a 160 la vostra età. Se avete 30 anni fate 160-30=130. Dovrete stare quindi a 130 battiti per minuto per almeno 30 minuti per allenare bene cuore e corpo. Per l'allenamento anaerobico invece potete fare uno sport intenso due o tre volte la settimana, ad esempio pesistica, tennis, calcio, cross fit, Karate etc.

Ho scelto questo mix aerobico-anaerobico perché anche se ci tengo molto ad aumentare la mia massa non sono disposto a rinunciare a una salute completa. Con questo sistema mantengo movimentato il corpo, aumento la resistenza, alleno il cuore, mantengo l'elasticità, rinforzo i muscoli e le ossa. Oltretutto allenarmi mi da anche molta energia mentale.

Quinto consiglio: organizza attività di svago e socializzazione. Dobbiamo ricordare che siamo degli animali sociali. Non basta per cui organizzare bene la nostra routine e fare sport ogni giorno. Dobbiamo anche preoccuparci di svagare la mente e il corpo con attività diverse. Ben vengano quindi allenamenti con amici o gite fuori porta nel fine settimana.

Ergonomia

Se alternare il lavoro con dello sport é importante, é altrettanto fondamentale che le ore di lavoro siano svolte in piena ergonomia.

La cosa non é semplice dato che il lavoro da remoto spesso implica l'utilizzo di notebook non proprio progettati per l'uso prolungato.

Ma se osserviamo le giuste regole e utilizziamo gli strumenti adatti possiamo lavorare in sicurezza.

Ricordate: abbiamo una sola schiena.

Strumenti per un lavoro ergonomico

Per lavorare con una buona ergonomia é consigliabile avere almeno questi tre strumenti fondamentali: un secondo monitor di almeno 24' collegato al proprio laptop; una sedia ergonomica reclinabile e una scrivania regolabile in altezza.

Già con questi tre elementi base possiamo regolare la posizione di lavoro del nostro corpo. Con il secondo monitor possiamo lavorare con la testa più alta. Lo schermo più grande inoltre affatica mento gli occhi. La sedia reclinabile permette di salvaguardare la schiena. Consigliabile con braccioli che sostengono le braccia. La scrivania regolabile in altezza ci permette di lavorare comodamente da seduti ma anche di alzarla per lavorare in piedi. Cosa che può tornare utile per la circolazione.

Tutti questi sono accorgimenti che possono fare la differenza dopo mesi e anni di lavoro. Sicuramente più facili da mettere in pratica se abbiamo un ufficio o uno studio fisso. Se invece dovete lavorare viaggiando potete appoggiare uno zaino sopra le ginocchia e il notebook sopra lo zaino così da averlo più vicino alla linea degli occhi.

C'è chi dice che lavorando da casa o ambienti che non sono l'ufficio le persone utilizzino strumenti non adatti. Io penso che se una persona ci tiene al proprio lavoro, e alla propria salute, dovrebbe investire in prima persona sugli strumenti che permettono di rendere al meglio.

Un tempo per svolgere una professione o aprire un'attività si dovevano fare importanti investimenti come affitti, licenze, ristrutturazioni, macchinari e materiali ingombranti. Nell'epoca digitale ci basta in fondo un piccolo investimento per comprarsi un computer, una sedia e una scrivania seri.

Lifelong learning

Il lavoro da remoto ha a che fare con la flessibilità mentale.

La flessibilità di imparare sempre cose nuove ed essere aperti alle nuove idee.

Ci troveremo a dover risolvere problemi complessi più che problemi complicati.

Un problema complicato da risolvere permette poi di utilizzare la medesima soluzione per risolvere problemi simili.

Non è così per i problemi complessi. In questo caso infatti bisognerà trovare una soluzione diversa per ogni problema.

Tipico dei nuovi problemi che ci troviamo ad affrontare nel lavoro a progetto.

Per armarci al meglio è bene essere aperti a nuove idee, usare il pensiero divergente e studiare.

Studiare costantemente cose nuove e cose vecchie.Studiare da chi è riuscito prima di noi. Studiare ogni giorno, per almeno un'ora, magari in una fascia oraria blindata solo per questa attività.

Non fermatevi mai di studiare.

Studia e ripeti

Lo studio e la ripetizione sono alla base della propria crescita personale. Lo posso confermare in prima persona. Nella mia vita ho sempre studiato. Ho studiato a scuola. Ho studiato all'Università. Ma gli studi più importanti che ho fatto sono stati quelli per conto mio. Ho iniziato leggendo libri. Libri che mi interessavano, non-fiction. Manuali che parlavano di business, di successo, di come trovare la propria strada. Nella bibliografia di questo libro troverete l'elenco completo.

Il primo libro però, che non scorderò mai, è "Who moved my cheese" di Spencer Johnson. Fu il libro che scatenò l'effetto valanga nella mia crescita personale. Il messaggio di questo libro può essere sintetizzato come "non temere il cambiamento, affronta la realtà delle cose, prenditi la responsabilità dei tuoi risultati e parti per il viaggio della vita". Al tempo ero dipendente e avevo poco tempo per lo studio. Leggevo avidamente in pausa pranzo. Studiavo la sera fino a tardi. Da allora dedico almeno un'ora al giorno allo studio di nuovi materiali e altre ore alla ripetizione anche passiva.

Non basta infatti studiare una sola volta le cose. Affinché i concetti si incidano nella nostra mente è necessario ripeterli più volte. Meglio se a voce alta. É così che si impara una lingua. Tutti i bambini imparano in due o tre anni a parlare la loro lingua nativa. In parte è certamente dovuto alla loro incredibile elasticità mentale ma il grosso del lavoro è fatto dalla continua ripetizione a cui sono sottoposti nel loro ambiente. Tutto il giorno la mamma, il papà, la TV parlano quella lingua e il bambino l'apprende così naturalmente. Non bastano invece 8 anni di scuola per insegnare la seconda lingua. Perché? Perché il sistema è sbagliato. Ci si focalizza sulle regole grammaticali invece che sulla ripetizione. Infatti nelle scuole italiane si fanno malapena due ore di inglese e in queste misere due ore la maestra parla italiano!

Capite quindi l'importanza di studiare e di ripetere continuamente i nuovi concetti. Rivedete un video corso più volte. Rileggete un libro importante più volte. Ogni volta coglierete un nuovo concetto e fisserete i principi nella vostra mente. Alla fine vi ritroverete a fare e pensare cose in maniera automatica senza rendervene conto. Proprio come quando parlate la vostra lingua.

Tutto quello che so sulla gestione dei team remoti è derivato dai miei studi e dall'applicazione pratica di quei principi. Da quando sono consulenze aziendale mi interfaccio ogni mese con decine di imprenditori. In tutte queste consulenze riesco a portare valore grazie alle informazioni che negli anni ho accumulato nella mia mente. Studiando continuo a incrementare queste informazioni con una sorta di effetto *compounding*. Più informazioni hai più riesci a comprendere velocemente e valorizzare nuove informazioni. Ottieni più risultati e puoi dedicare più energie per la crescita personale. Come una palla di neve che man mano che rotola diventa sempre più grande. Con un effetto non lineare ma esponenziale.

Fino agli anni '70 e '80 il mondo era diverso. Tutto quello che serviva nel lavoro lo si imparava negli anni scolastici. Finita la scuola era finito lo studio. Iniziava una carriera all'interno di un'azienda. Si iniziava a salire una scalinata che ci avrebbe portati a più livelli fino ad arrivare alla tanto agognata pensione. Oggi questo mondo non esiste più. Le aziende chiudono, le informazioni si aggiornano così velocemente che dobbiamo per forza aggiornarci ogni giorno per stare al passo.

Lo smart worker è anche definito "*knowledge worker*" ossia lavoratore della conoscenza. Proprio per il contributo che porta con la sua conoscenza. Se vogliamo quindi vendere conoscenza dobbiamo prima acquisirla, in maniera continua.

Finale e prossimi 3 passi

Siamo giunti al finale di questa maratona che ci ha portato a conoscere il lavoro remoto.

Nella prima parte (tips 1 - 5) abbiamo visto quali sono i vantaggi di questa forma di collaborazione. Abbiamo visto come la flessibilità di orario e di luogo di lavoro, la distribuzione e la possibilità di scelta portino nuove interessanti opportunità per le organizzazioni.

Nella seconda parte del libro (tips 6 - 13) abbiamo visto quali sono le basi per un lavoro da remoto efficace. Prime tra tutte la fiducia e la responsabilità. Abbiamo capito che quello che conta è il valore e non le ore impiegate. Diventa quindi importante misurare e mostrare correttamente il lavoro svolto. Infine abbiamo capito quali sono le tre gambe su cui si poggia l'organizzazione di un team di lavoro remoto con le metodologie di gestione, gli strumenti consigliati e la mentalità corretta.

Nella terza parte (tips 14 - 15) abbiamo scoperto il nuovo ruolo del manager remoto. Il capitano che guida la nave dando l'esempio e cercando di rimuovere gli ostacoli che il team incontra nel percorso. Una leadership anch'essa distribuita, con i vari specialisti del gruppo di lavoro che prendono la guida in base alle situazioni.

Nell'ultima parte (tips 16 - 20) siete stati messi in guardia dalle insidie del lavoro remoto. Overworking, interruzioni e produttività. Abbiamo visto come sia importante mantenere un corretto equilibrio psicofisico. Infine fondamentale continuare a studiare e ripetere i concetti per assimilarli e crescere nel nuovo mondo del lavoro che si basa sulla conoscenza.

Ti voglio lasciare con i prossimi passi, ben chiari, che dovrai fare se vuoi entrare in questo nuovo mondo del lavoro.

Ci sono tre step che mi hanno sempre portato dove volevo arrivare. Primo: studia. Raccogli le informazioni da chi è più esperto o ha affrontato con successo il problema prima di te. Alla fine di questo libro troverai un elenco di risorse e la bibliografia dei libri dai quali puoi partire per approfondire questi argomenti. Secondo: applica. Non limitarti a raccogliere e studiare le informazioni ma applicale subito alla tua realtà. Non aspettare un momento migliore, il momento è adesso. Non aspettare la perfezione degli elementi non arriverà mai. Meglio prima e migliorabile che troppo tardi e perfetto. Se hai un team o vuoi gestire al meglio le tue attività prepara quattro colonne: "da pianificare", "da fare", "in corso", "fatto". Metti nella colonna da pianificare tutte le attività che devi fare in ordine di priorità. Ogni settimana spostane un tot in "da fare" e focalizzati per il completamento di queste. Mantieni ampi margini perché le stime umane sono sempre troppo positive. Terzo: cresci. Quando avrai studiato e applicato questi passi guardati indietro e nota quanto sei cresciuto. Diventerai più produttivo e completerai sempre più attività nella settimana. A quel punto il ciclo ricomincia e dovrai imparare cose nuove se vuoi passare al livello superiore.

Quando diventi più organizzato puoi aggiungere la tecnica dei 4 quadranti che ho spiegato molto bene in questo articolo: https://performance-ppc.com/time-management-tecnica-di-gestione-tempo-personale.
Andrai quindi a dividere le attività importanti e urgenti da quelle importanti e meno urgenti. Migliorando ulteriormente la tua produttività. Questo libro è un buon primo passo verso il mondo della gestione del lavoro da remoto ma è soltanto il primo. Per cui se vuoi approfondire e crescere di livello puoi iscriverti al mio corso di Remote Project Management. Al termine viene rilasciato un certificato di completamento. Per avere maggiori informazioni visita:
www.remote-project-management.com

Risorse utili e contatti

MIO SITO PERSONALE:
lucafaccin.it

PROFILO LINKEDIN PERSONALE
www.linkedin.com/in/luca-faccin

LA MIA PAGINA FACEBOOK "ING LUCA"
www.facebook.com/inglucabusinessdevelopment

CORSO REMOTE PROJECT MANAGEMENT:
www.remote-project-management.com

GRUPPO REMOTE PROJECT MANAGEMENT
www.facebook.com/groups/remoteprojectmanagement

SITO PERFORMANCE PPC:
performance-ppc.com

PAGINA FACEBOOK PERFORMANCE PPC
www.facebook.com/performanceppc

ARTICOLO SULLA GESTIONE IN 4 QUADRANTI:
performance-ppc.com/time-management-tecnica-di-gestione-tempo-personale

ARTICOLO LUCA FACCIN AVVENIRE:
www.avvenire.it/economia/pagine/smart-working-e-gestione-del-lavoro-il-remote-project-manager

ARTICOLO LUCA FACCIN MANAGER ITALIA:
https://www.manageritalia.it/it/management/remote-project-manager

SITO DIGITAL PROJECT MANAGER:
thedigitalprojectmanager.com

Bibliografica

Gianpiero C., Antonio P., *Mad in Italy*, Rizzoli, Milano, (2012).

Jason F., David H.H., *Remote*, Clays Ltd, Great Britain, (2013).

Jason F., David H.H., *Rework*, Clays Ltd, Great Britain, (2010).

Spencer J., Ken B., *Il nuovo One Minute Manager*, Sperling & Kupfer, Milano, (2016).

Marco D., Ivano M., *Agile company*, Egea, Milano, (2019).

Spencer J., *Who moved my cheese?*, Vermilion, Londra, (1999).

Leonardo Previ, *Zainocrazia*, LSWR, Milano, (2018).

Eric Ries., *Partire leggeri*, Rizzoli, Milano, (2016).

Chris Guillebeau, *€100 Bastano*, Lit Edizioni, Roma, (2013).

Stephen R. Covey, *Le 7 regole per avere successo*, Franco Angeli, Milano, (2014).

Fabio Faccin, *Sognavo la libertà*, Mind Edizioni, Milano, (2020).

Tim C., Alexander O., Yves P., *Business Model You*, Hoepli, Milano, (2014).

Devdutt Pattanaik, *Business sutra*, Edra lswr Milano, (2013).

Daniel Goleman, *Intelligenza emotiva*, Bur Rizzoli, Milano, (2016).

Jocko W., Leif B., *Extreme Ownership*, St. Martin's Press, New York (2017).

Peter Thiel, *Da Zero a Uno*, Rizzoli Etas, Milano (2016).